BEI GRIN MACHT SICH IHR WISSEN BEZAHLT

AF130033

- Wir veröffentlichen Ihre Hausarbeit,
  Bachelor- und Masterarbeit

- Ihr eigenes eBook und Buch -
  weltweit in allen wichtigen Shops

- Verdienen Sie an jedem Verkauf

Jetzt bei www.GRIN.com hochladen und kostenlos publizieren

Bibliografische Information der Deutschen Nationalbibliothek:

Die Deutsche Bibliothek verzeichnet diese Publikation in der Deutschen National-bibliografie; detaillierte bibliografische Daten sind im Internet über http://dnb.d-nb.de/ abrufbar.

Dieses Werk sowie alle darin enthaltenen einzelnen Beiträge und Abbildungen sind urheberrechtlich geschützt. Jede Verwertung, die nicht ausdrücklich vom Urheberrechtsschutz zugelassen ist, bedarf der vorherigen Zustimmung des Verla-ges. Das gilt insbesondere für Vervielfältigungen, Bearbeitungen, Übersetzungen, Mikroverfilmungen, Auswertungen durch Datenbanken und für die Einspeicherung und Verarbeitung in elektronische Systeme. Alle Rechte, auch die des auszugsweisen Nachdrucks, der fotomechanischen Wiedergabe (einschließlich Mikrokopie) sowie der Auswertung durch Datenbanken oder ähnliche Einrichtungen, vorbehalten.

Impressum:

Copyright © 2018 GRIN Verlag
Druck und Bindung: Books on Demand GmbH, Norderstedt Germany
ISBN: 9783668664111

Dieses Buch bei GRIN:

https://www.grin.com/document/416782

Kristina Winzer

"Chain Code". Smart Contracts demonstriert an einfachen Code-Beispielen

GRIN Verlag

GRIN - Your knowledge has value

Der GRIN Verlag publiziert seit 1998 wissenschaftliche Arbeiten von Studenten, Hochschullehrern und anderen Akademikern als eBook und gedrucktes Buch. Die Verlagswebsite www.grin.com ist die ideale Plattform zur Veröffentlichung von Hausarbeiten, Abschlussarbeiten, wissenschaftlichen Aufsätzen, Dissertationen und Fachbüchern.

SEMINARARBEIT
gem. § 18 GBankDVDV i. V. m. § 12 Abs. 4 Studienplan

„Chain Code" – Smart Contracts
demonstriert an einfachen Code-Beispielen

Verfasserin: Kristina Winzer

Bearbeitungszeitraum: 14.12.2017 bis 18.01.2018

Abstract

Smart Contracts make it possible to program and automate contract relationships. This results in an overlap of legal contract design and information technology, in which great potential is recognized. The functioning of these smart contracts is made possible by the so-called blockchain technology. It is the foundation for most digital currencies, acting as a decentralized database structure that allows transactions to be transparent. The current leading blockchain-platform that enables the creation of smart contracts is called Ethereum. According to this the base of these contracts has been created, but there are still some challenges that have to be overcome. This paper, based on literature research, gives an overview of smart contracts and sheds more light on their technical background of the blockchain technology. Therefore the blockchain platform Ethereum is described, which is the basis for smart contracts. The focus on this will lie on the used programming language and a code example. This paper comes to the conclusion that the foundation of smart contracts has been created but still faces challenges in the future.

Inhaltsverzeichnis

Abbildungsverzeichnis

Abkürzungsverzeichnis

a.a.O.   am angegebenen Ort
Vgl.   Vergleich
URL

1 Einleitung

Es klingt wie eine Fiktion: Verträge, die in der Lage sind sich selbst abzuwickeln. Diese Art von Kontrakt läuft ohne Mittler oder menschliche Hilfe völlig automatisiert ab und klingt zu irreal, um praktikabel zu sein. Die Realität ist, dass wahrscheinlich jeder mit dem Grundgedanken solcher Smart Contracts bereits in Berührung gekommen ist. Wirft man einen Euro in einen Getränkeautomaten und betätigt die Taste für das gewünschte Getränk, erhält man dieses darauf. Im Gegensatz zum Kiosk ist an diesem Vorgang kein Mensch beteiligt. Das Verfahren, das sich dahinter versteckt, ist eine einfache Wenn-Dann-Funktion. Das bedeutet, wenn der erforderliche Betrag eingeworfen wird, dann gibt der Getränkeautomat die Ware frei.

Die Idee der Smart Contracts weist Potenzial auf, weshalb hohe Geldbeträge in die Entwicklung dieser Verträge investiert werden. Dabei geht es genauer um Kontrakte, die in Programmiersprache hinterlegt werden. Die Vertragspartner schließen den Vertrag lediglich ab, jedoch liegt die Abwicklung im Bereich eines Codes, auf dem die digitalen Verträge basieren. Dieser kümmert sich darum, dass die Übereinkunft realisiert wird.

Gegenstand dieser Arbeit ist es deshalb, einen Überblick über Smart Contracts zu geben und ihren technischen Hintergrund genauer zu beleuchten. Um ein Hintergrundverständnis zu schaffen wird dem Leser zu Beginn ein kurzer Abriss über die geschichtlichen Hintergründe dieser Verträge und eine Begriffserklärung der Smart Contracts gegeben. Im weiteren Verlauf beschäftigt sich diese Arbeit mit der Technologie, die hinter den Smart Contracts steckt und als sogenannte Blockchain-Technologie bezeichnet wird. Der nächte Teil dieser Arbeit beschreibt die Blockchain-Plattform Ethereum, welche die Grundlage für Smart-Contracts darstellt. Im Fokus steht hier neben der Erläuterung von Ethereum, die verwendete Programmiersprache und ein Code-Beispiel. Diese Arbeit kommt zu dem Ergebnis, dass die Basis für Smart Contracts geschaffen ist, dennoch einige Herausforderungen auf das Konzept der Smart Contracts zukommen.

2 Smart Contracts

Mit Hilfe von Smart Contracts besteht die Möglichkeit Vertragsbeziehungen zu programmieren und automatisieren. Es kommt zu einer Überschneidung von rechtlicher Vertragsgestaltung und Informationstechnologie, in der man großes Potenzial erkennt. Wie bei allen neuen Technologien ist noch nicht genau abschätzbar, welche Möglichkeiten durch den Einsatz von Smart Contracts bestehen.[1] Entsprechend forschen einige Unternehmen und Staaten an dieser Technologie.[2] Daher bedarf es im Folgenden einer historischen Erläuterung und Begriffsdefinition der Smart Contracts, um mehr Verständis über den Grundgedanken der Kontrakte zu schaffen.

2.1 Geschichte der Smart Contracts

Ende der 90er Jahre kam die Idee der sogenannten „Smart Contracts" erstmals durch den US-amerikanischen Juristen und Computerwissenschaftler[3] Nick Szabo auf. Das Motiv von damals gleicht der Idee von heute: Software und Hardware der Verträge so darzustellen, dass die Programmlogik sowohl die Leistung als auch die Gegenleistung vorgibt. Leitgedanke der Smart Contracts ist die Annahme, dass eine Reduktion von Risiken und Transaktionskosten durch fehlendes menschliches Agieren bei der Vertragsdurchführung ermöglicht wird. Die Vertragsparteien müssen ausschließlich auf das Funktionieren der Maschine vertrauen und somit nicht in sich gegenseitig.[4] Das Konzept des Smart Contracts war lange in den Hintergrund gerückt, da die damaligen zugänglichen Technologien nicht den Anschein erweckten, tauglich dafür zu sein, die beiden Hauptversprechen, höhere Vertragssicherheit und geringere Transaktionskosten, zu erfüllen.[5] Erst durch zunehmende Erkenntnisse über die Möglichkeiten der sogenannten Blockchain-Technologie, auf welche das Kapitel 3.1 genauer

---

[1] Vgl.: Kreditkarte: Smart Contracts – selbsterfüllende Verträge: URL siehe Literaturverzeichnis, Zugriff am 04.01.2018.
[2] Vgl.: BTC-Echo: Was ist die Blockchain?: URL siehe Literaturverzeichnis, Zugriff am 09.01.2018.
[3] Vgl.: Cointelgraph: Smart Contracts, Explained: URL siehe Literaturverzeichnis, Zugriff am 06.01.2018.
[4] Vgl.: Kaulartz, Markus/Heckmann, Jörn: Smart Contracts – Anwendungen der Blockchain-Technologie, in: Computer und Recht, Ausgabe 09/2016, S. 618.
[5] Vgl.: Graff, Christof/Stoiber, Helmut/Zscherp, Matthias: Plattformsicherheit – Smart Contracts und TPM, Frankfurt am Main, 2015, S. 1 ff.

eingehen wird, stellte sich heraus, dass diese Technologie optimale Rahmenbedingungen für Smart Contracts bietet.[6]

2.2 Definition Smart Contracts

Ehe im Nachfolgenden auf die Symbiose zwischen Smart Contracts und der Blockchain-Technologie eingegangen wird, soll vorerst der Begriff des Smart Contracts möglichst technologieneutral definiert werden, da sich der Begriff, ohne die Existenz einer allgemeingültigen Definition, bereits in der IT-Szene verbreitet hat.[7]

Ein Smart Contract ist ein Vertrag auf Software-Basis, in dem verschiedene Vertragsbedingungen mittels einer Programmiersprache hinterlegt sind.[8] Insofern ein als Vertragsbedingung definiertes Ereignis erfüllt wird, wird eine rechtlich relevante Handlung selbsttätig durch einen Programmcode ausgeführt.[9] Somit erfolgt die Überwachung und Einhaltung des Vertrags automatisiert, ohne durch eine menschliche Instanz gesteuert zu werden.[10]

Ein denkbares Einsatzszenario soll dies demonstrieren:

Das Leasing eines Pkws stellt einen Smart Contract dar, in dem folgende Vertragsbedingung hinterlegt ist: Ein Pkw steht nur zum Betrieb bereit, wenn die Rate des dazugehörigen Leasingvertrages beglichen ist. Insofern also die digital prüfbare Bedingung der Bezahlung der Leasing-Rate erfüllt ist, wird die Betriebsbereitschaft des Pkws hergestellt. Dafür überprüft der Smart Contract, der auf dem Boardcomputer des Pkws abgewickelt wird und über eine Schnittstelle zu einer Bank verfügt, die Erfüllung der Vertragsbedingung mit Hilfe des Programmcodes. Bei Bedingsungseintritt gibt der Smart Contract die Zündung des Pkws frei.[11]

---

[6] Vgl.: Kaulartz, Markus/Heckmann, Jörn: Smart Contracts – Anwendungen der Blockchain-Technologie, in: Computer und Recht, Ausgabe 09/2016, S. 618.
[7] Vgl.: a.a.O., S. 618.
[8] Vgl.: Gabler Wirtschaftslexikon: Smart Contract: URL siehe Literaturverzeichnis, Zugriff am 09.01.2018.
[9] Vgl.: Kaulartz, Markus/Heckmann, Jörn: Smart Contracts – Anwendungen der Blockchain-Technologie, in: Computer und Recht, Ausgabe 09/2016, S. 618.
[10] Vgl.: Dev Insider: Was ist ein Smart Contract?: URL siehe Literaturverzeichnis, Zugriff am 03.01.2018.
[11] Vgl.: Kaulartz, Markus/Heckmann, Jörn: Smart Contracts – Anwendungen der Blockchain-Technologie, in: Computer und Recht, Ausgabe 09/2016, S. 618.

3 Smart Contracts dank Blockchain-Technologie

Aufgrund des Siegeszugs der Blockchain erfährt der Smart Contract im Zusammenspiel mit der Blockchain-Technologie viele Vorzüge und Besonderheiten.[12] Um diese Symbiose nachvollziehen zu können, wird im folgenden Abschnitt das Prinzip der Blockchain vereinfacht dargestellt.

3.1 Funktionsweise der Blockchain

Die Blockchain-Technologie ist eine neue Art der Verifizierung von Datentransaktionen.[13] Sie ist die Basis für die meisten digitalen Währungen und fungiert dabei als eine dezentrale, fälschungssichere Datenbankstruktur, die es als digitales Register ermöglicht, Transaktionen transparent zu verzeichnen.[14]

Dabei stellt die Blockchain eine gepflegte Datei dar, welche per Mehrheits-Konsens jegliche Transaktionen aller Nutzer validiert und abspeichert und damit unveränderbar macht. Informationen über diese Transaktionen werden in sogenannten Blöcken gespeichert.[15] Ein Block besteht somit zum einen aus einer Verknüpfung von Transaktionsdaten[16], wie zum Beispiel der anonymisierten Information über Sender und Empfänger[17] und zum anderen aus der gesamten Transaktionshistorie[18] in Form eines Hash Werts. Dieser ist eine Prüfziffer, „die aus dem zu prüfenden Inhalt errechnet wird" und es ermöglicht die Transaktionskette auf Echtheit zu überprüfen. Die Durchführung der Transaktionen erfordert von jedem Teilnehmer des Netzwerkes einen öffentlichen und privaten Schlüssel. Dabei kann der öffentliche Schlüssel als eine eindeutige Adresse verstanden werden, während der private Schlüssel eine Art Passwort darstellt, das geheim gehalten werden muss. Bei Transaktionen bestätigt der Absender mit dem privaten Schlüssel lediglich die Informationen der

---

[12] Vgl.: Kaulartz, Markus/Heckmann, Jörn: Smart Contracts – Anwendungen der Blockchain-Technologie, in: Computer und Recht, Ausgabe 09/2016, S. 618.
[13] Vgl.: Voshmgir, Sherim: Blockchains, Smart Contracts und das Dezentrale Web, Berlin, 2016, S.8 ff.
[14] Vgl.: BTC-Echo: Was ist die Blockchain?: URL siehe Literaturverzeichnis, Zugriff am 09.01.2018.
[15] Vgl.: Kaulartz, Markus/Heckmann, Jörn: Selbsterfüllende Verträge – Smart Contracts: Quellcode als Vertragstext, in: CT Magazin für Computer und Technik, Ausgabe 24/2016, S.138 ff.
[16] Vgl.: CryptoTicker: Was sind Kryptowährungen?: URL siehe Literaturverzeichnis, Zugriff am 11.01.2018.
[17] Vgl.: BTC-Echo: Was ist die Blockchain?: URL siehe Literaturverzeichnis, Zugriff am 09.01.2018.
[18] Vgl.: Kreditkarte: Smart Contracts – selbsterfüllende Verträge: URL siehe Literaturverzeichnis, Zugriff am 04.01.2018.

Transaktion.[19] Meist handelt es sich bei den Transaktionen um die Übertragung von Vermögenswerten wie zum Beispiel Immaterialgütern (z.B. Domains), Waren oder Geldbeträgen.

Alle Vermögenswerte besitzen eine ID, die es ermöglicht, dass nur der Besitzer des Vermögenswertes über den Wert verfügt, da ihm durch die ID der private Schlüssel zugeordnet wird. Somit ist eine Transaktion nur gültig, wenn sie digital vom Besitzer durch einen privaten Schlüssel signiert wurde und noch nicht in einem Block enthalten ist.[20] Mit jeder Fortführung einer Transaktion wird diese auf Gültigkeit geprüft und durch ein geregeltes Verfahren namens Proof-of-Work in einen weiteren Block generiert, welcher mit dem vorherigen Block untrennbar zu einer „Block-Chain" verkettet wird.[21]

Vereinfacht dargestellt handelt es sich bei den aus Blöcken bestehenden Ketten also um einen „digitalen Kontoauszug für Erklärungen zwischen Computern (sog. Nodes)". Dieser Kontoauszug wird nicht zentral abgelegt, sondern in identischer Form auf vielen Nodes abgelegt und gespeichert. Ein solches Peer-to-Peer-Netzwerk ermöglicht es dem Großteil der Nodes die Integrität der Daten zu gewährleisten und gegen Manipulationen zu schützen.[22] Das liegt vor allem darin begründet, dass getätigte Einträge im Blockchain-Verzeichnis nicht verändert oder gelöscht werden können, was wiederum bedeutet, dass die Einträge für immer nachvollzogen werden können.

Aus dieser Beschreibung resultieren drei wesentliche Merkmale der Blockchain-Technologie: Transparenz, Dezentralität und Unveränderlichkeit.[23]
Besonders das Merkmal der Dezentralität ermöglicht das Bestehen von Smart Contracts, da eine intermaschinelle Kommunikation ohne einen Intermediär ausgeführt werden kann.

---

[19] Vgl.: Voshmgir, Sherim: Blockchains, Smart Contracts und das Dezentrale Web, Berlin, 2016, S.8 ff.
[20] Vgl.: Kaulartz, Markus/Heckmann, Jörn: Selbsterfüllende Verträge – Smart Contracts: Quellcode als Vertragstext, in: CT Magazin für Computer und Technik, Ausgabe 24/2016, S.138 ff.
[21] Vgl.: BTC-Echo: Was ist die Blockchain?: URL siehe Literaturverzeichnis, Zugriff am 09.01.2018.
[22] Vgl.: Kaulartz, Markus/Heckmann, Jörn: Selbsterfüllende Verträge – Smart Contracts: Quellcode als Vertragstext, in: CT Magazin für Computer und Technik, Ausgabe 24/2016, S.138 ff.
[23] Vgl.: BTC-Echo: Was ist die Blockchain?: URL siehe Literaturverzeichnis, Zugriff am 09.01.2018.

4 Blockchain-Plattform Ethereum

Das Funktionieren von Smart Contracts wird zum einen durch IT Schnittstellen, sogenannten Oracles, unterstützt, welche in der Lage sind Smart Contracts mit Informationen zu versorgen, die aus anderen Systemen stammen. Zum anderen funktionieren Smart Contracts wie bereits angeführt nur aufgrund von komplexen Bedingungsprüfungen, die durch Blockchain-Technologie ermöglicht wird. Die derzeit führende Blockchain-Plattform für Smart Contracts besitzt die Bezeichnung „Ethereum". Was genau Ethereum ist, soll im nächsten Abschnitt erläutert werden.[24]

4.1 Ethereum

Die Ursprünge der Entwicklung des Projektes Ethereum liegen im Jahr 2013. Nachdem das Projekt ein Jahr später vorgestellt wurde und eine erfolgreiche Crowdfunding Kampagne ins Leben gerufen wurde, wurde das Projekt 2015 realisiert, programmiert und letztendlich umgesetzt.

Seitdem zählt Ethereum mit der Kryptowährung Ether (ETH) zu einer der verheißungsvollsten Blockchains der heutigen Zeit. Ethereum stellt keine Kryptowährung dar, sondern eine Plattform, auf der dezentrale Applikationen durchgeführt werden können. Diese Applikationen laufen mittels der in Kapitel 2 erwähnten Smart Contracts auf Basis der Geldeinheit Ether. Dabei besteht die Option des Wertaustausches nicht nur in Form von Geldtransaktionen, sondern auch in Form anderer Vermögenswerte. Unterstützt werden diese Vorgänge durch mehrere verfügbare Programmiersprachen, aufgrund dessen die Erstellung und Abwicklung der Smart Contracts ermöglicht wird.[25]

---

[24] Vgl.: Kaulartz, Markus/Heckmann, Jörn: Selbsterfüllende Verträge – Smart Contracts: Quellcode als Vertragstext, in: CT Magazin für Computer und Technik, Ausgabe 24/2016, S.138 ff.
[25] Vgl.: Voshmgir, Sherim: Blockchains, Smart Contracts und das Dezentrale Web, Berlin, 2016, S.8 ff.

5   Smart Contracts entwickeln mit Ethereum

Der letzte Abschnitt hat aufgezeigt, dass Smart Contracts ein wesentliches Element der Ethereum-Infrastruktur sind und, dass die Abwicklung dieser Smart Contracts auf verschiedenen Programmiersprachen beruht. Deshalb wird der nächste Abschnitt hinterleuchten, was genau hinter diesen Programmiersprachen steckt und dies an einem einfachen Code-Beispiel demonstrieren.

5.1   Die Programmiersprache und Code-Beispiel

Die Programmiersprache, die zum Entwickeln der Smart Contracts auf der Blockchain-Plattform Ethereum verwendet wird, heißt Solidity.[26] Solidity ist die vierte, aber am meisten weiterentwickelte Programmiersprache, die für Ethereum existiert.   Sie basiert auf JavaScript und ermöglicht, dass die Kontrakte in Bytecode kompiliert werden, um anschließend das Hochladen auf die Ethereum Blockchain durchzuführen.[27] Wie genau so ein Quellcode aussieht und funktioniert soll am folgenden Beispiel demonstriert werden:

Das Glücksspiel Münzwurf (Kopf oder Zahl) stellt einen Smart Contract dar. Dieses Glücksspiel soll im Test-Net des Ethereum Wallet, einer digitalen Geldbörse[28] mit der Geldeinheit Ether, demonstriert werden. Dabei wickelt der Code des Smart-Contract das Glücksspiel ab.

Das Glückspiel beginnt, nachdem zwei oder mehr Teilnehmer einen Mindesteinsatz in einen virtuellen Topf werfen. Insofern der Einsatz des letzten Spielers getätigt wurde, ist es dem Ersteller des Kontraktes unterbunden, den Smart-Contract zu löschen. Diese Möglichkeit besteht erst wieder, wenn der Gewinn des Glücksspiels an den Sieger ausgezahlt wurde. Das Ende des Spiels ist durch Ablauf der Zeitspanne gekennzeichnet. Mit Ablauf der Zeit bestimmt der Smart-Contract mittels Zufallsprinzip, wer der Gewinner des Glücksspiels ist und überweist diesem sofort den Gewinnbetrag.[29]

---

[26] Vgl.: Solidity: Solidity: URL siehe Literaturverzeichnis, Zugriff am 14.01.2018.
[27] Vgl.: Ethereum Github: URL siehe Literaturverzeichnis, Zugriff am 14.01.2018.
[28] Vgl.: Chip: Bitcoin Wallet – was ist das? URL siehe Literaturverzeichnis, Zugriff am 15.01.2018.
[29] Vgl.: Zen-Systems: Solidity Ethereum Code Beispiel Münzwurf, URL siehe Literaturverzeichnis, Zugriff am 15.01.2018.

Untersucht man den kompletten 210 Quellcode (ANLAGE X) genauer, stellt sich heraus, dass die oben beschriebenen Vorgänge in den Code eingebettet sind und teilweise von Wenn-Dann-Funktionen unterstützt werden. Im Weiteren wird dies anhand des bereits definierten Beispiels veranschaulicht.

Die Code-Zeilen eins bis 41 der Anlage 1 beschreiben den Anfangsabschnitt des Quellcodes des Gewinnspiels. Dieser Teil gibt Auskunft über die Hauptinformationen des Smart Contracts. Zeile 11 beschreibt hierbei, dass der Quellcode für eine Solidity Version 0.4.15 entwickelt ist, währenddessen definiert Code-Zeile 13 den Namen des Kontraktes mit „Kopf oder Zahl". Zudem werden in Zeile 29 die Spielregeln dargelegt, die es zu erfüllen gilt. In diesem Fall werden die Bedingungen festgelegt, dass der Einsatz eines Spielers mindestens einen Ether betragen muss und dass das Spiel erst beginnt, sobald alle Spieler ihre Einsätze getätigt haben. Sind alle Bedingungen erfüllt wird ein Sieger auserwählt und es erfolgt eine Auschüttung des kompletten Topfes an den Gewinner.

Ein Quellcode in Solidity besteht aus einer Sammlung von Codes, den sogenannten Funktionen, und Daten.[30] Das angeführte Münzwurf-Beispiel besteht aus fünf Funktionen, die eine Art Grundkonstrukt für den Code bilden.

Wie in den Code-Zeilen 44 bis 60 zu erkennen ist, bildet dabei der sogenannte Konstruktor die erste Funktion. Dieser ist als eine Methode definiert, die aufgerufen wird, wenn Objekte erzeugt werden sollen.[31] Im Beispiel werden vier Dinge initialisiert: das Spiel Kopf oder Zahl, die Anzahl der Spieler, die Dauer in Sekunden und der minimale Wetteinsatz. Zusätzlich gibt Zeile 55 Auskunft über den Status des Gewinnspiels – Status = 0 bedeutet in diesem Fall, dass die Wette bisher noch nicht platziert ist.

Die Code-Zeilen 65 bis 73 beschreiben den sogenannten Destruktor, welcher eine Methode definiert, die aufgerufen wird, um Objekte aufzulösen.[32] Diese Funktion kann nur vom Erzeuger des Smart Contracts aufgerufen werden und ermöglicht eine Selbstzerstörung des Codes, wenn das Spiel nicht läuft.

---

[30] Vgl.: Solidity: Introduction to Smart Contracts, URL siehe Literaturverzeichnis, Zugriff am 15.01.2018.
[31] Vgl.: Stroustrup, Bjarne: Die C++ Programmiersprache, München, 2000, S. 115 ff.
[32] Vgl.: a.a.O., S. 115 ff.

Die dritte Funktion des Kontraktes stellt die Zufallszahlen-Funktion dar (Code-Zeilen 80 bis 87), welche den Gewinner des Spiels mittels Zufallsprinzip ermittelt. Die Auswahl erfolgt mit Hilfe des Hash-Wertes einer Zufallszahl des letzten generierten Blocks. Somit ist die Wahl des Gewinners zufällig und stellt in diesem Fall den Münzwurf und dessen Ergebnis dar.

„Einsatz machen" beschreibt in den Code-Zeilen 94 bis 148 die vierte Funktion des Smart Contracts. Nachdem der Spieler sich mittels Beantwortung von Grundsatzfragen angemeldet hat, kommt es erstmals zum Einsatz von Wenn-Dann-Funktionen. Zuerst wird geprüft, ob die Bedingung erfüllt ist, dass der Spieler genug Wetteinsatz eingezahlt hat. Falls diese nicht eingehalten wird, kommt es zu einer Fehlermeldung, aber zu keiner Rückerstattung des eingezahlten (nicht ausreichenden) Betrages. Wenn die Wette am Laufen ist (Code-Zeile 110) oder bereits abgelaufen ist (Code-Zeile 115), liegt eine Anmeldung nicht mehr im Rahmen des Möglichen. Zusätzlich wird in Zeile 122 geprüft, ob der Spieler die Bedingung erfüllt, einen Spielernamen von mindestens drei Zeichen anzugeben. Wird dies nicht erfüllt, wird mit Hilfe der Wenn-Dann-Funktion einer Fehlermeldung herausgegeben, dass die Anmeldung nicht möglich ist. Werden allerdings alle aufgezählten Bedingungen erfüllt, wird der Spieler dem Gewinnspiel hinzugefügt (Code-Zeile 126). Das Hinzufügen erfolgt mit Angabe der Spieleradresse, des Spielernamens und des Guthabens des Spielers. Darüber hinaus wird der Spieler-Zähler hochgezählt (Code-Zeile 128) und die Gewinnsumme angepasst (Code-Zeile 129). Anhand der Code-Zeilen 133 bis 148 bestimmt der Smart Contract wie viele Spieler sich angemeldet haben und wann die Anmeldung vollständig ist. Folglich fängt der Kontrakt an zu laufen und kann währenddessen auch nicht unterbrochen werden.

Die fünfte Funktion des Quellcodes (Zeile 155 bis 201) wird als „Wette Mainfunction" bezeichnet und ermöglicht die Gewinnausschüttung. Bevor es allerdings zu jener Ausschüttung kommt, werden wieder einige Bedingungen geprüft. Als erstes wird geprüft, ob das Gewinnspiel noch am Laufen ist. Ist dies der Fall, kommt es zu einer Ermittlung der noch verbleibenden Sekunden. Ist dann die Bedingung erfüllt, dass keine verbleibenden Sekunden mehr vorhanden sind, ist die Wette offiziel abgelaufen. Es folgt die Ermittlung eines Gewinner-Index (Code-Zeile 173), der mit Hilfe der Zufallsfunktion aus den Code-Zeilen 80 bis 86 bestimmt wird. Danach werden die Daten des Gewinners ermittelt und der Gewinn an ihn durch eine „Senden-Funktion" ausgezahlt (Code-Zeile 176 bis 189). Aus diesem Grund ist die Wette abgeschlossen. Dem Erzeuger des Smart Contractes steht es nun offen, den Vertrag mittels des Destruktors zu zerstören oder nicht.

6 Fazit

Smart Contracts sind auch heute noch zum größten Teil Zukunftsmusik.[33] Sie sind weit davon entfernt perfekt zu sein: Was passiert zum Beispiel, wenn Bugs im Quellcode vorhanden sind? Oder wie sollten Staaten diese Art von Kontrakten regulieren? Wie sollten Steuern im Rahmen von Smart Contracts berechnet werden? Was passiert, wenn ein Code falsch ist? Wie bereits zuvor erwähnt, sind die Codes unveränderbar. Ein normaler Vertrag könnte vor Gericht angefochten werden, aber ein Smart Contract besteht und läuft, egal was passiert. Dies zeigt auf, dass noch viele Herausforderungen auf das Konzept der Smart Contracts zukommen.[34] Viele Eventualitäten lassen sich mit Hilfe solcher Kontrakte regeln, dennoch ist es bisher nicht möglich, alles damit zu regeln. Dies kann wiederum dazu führen, dass einige Probleme enstehen können, aufgrunddessen doch eine dritte Instanz in den Vertrag eingreifen müsste. Denkbar ist in einer solchen Situation eine Schiedsstelle, die solche Probleme regelt. Ein weiterer unklarer Punkt im Gebiet der Smart Contracts ist die rechtliche Rahmenbedingung der Verträge. Smart Contracts berufen sich darauf, dass sie aufgrund des Quellcodes rechtlich bindend sind. Dies ist allerdings noch sehr umstritten und muss in Zukunft weiter durchdacht werden. Letztendlich lässt sich aber sagen, dass viel Potenzial in der Idee der Smart Contracts steckt. Dies ist auch der Grund, warum viel Zeit und Geld in die Entwicklung dieser Technologie gesteckt wird, damit Smart Contracts bald im Alltag Gebrauch finden können. Die Basis für Smart Contracts ist geschaffen, dennoch müssen noch einige Hürden genommen werden. Dabei ist es wichtig, dass rechtliche Fragen beantwortet werden und die Verbraucher von der neuen Technologie überzeugt werden.[35]

---

[33] Vgl.: Kreditkarte: Smart Contracts – selbsterfüllende Verträge: URL siehe Literaturverzeichnis, Zugriff am 04.01.2018.
[34] BLOCKGEEKS
[35] Vgl.: Kreditkarte: Smart Contracts – selbsterfüllende Verträge: URL siehe Literaturverzeichnis, Zugriff am 04.01.2018.

Literaturverzeichnis

BTC-Echo: Was ist die Blockchain?: https://www.btc-echo.de/tutorial/was-ist-die-blockchain/, Zugriff am 09.01.2018

Chip: Bitcoin Wallet – was ist das? https://praxistipps.chip.de/bitcoin-wallet-was-ist-das_39912, Zugriff am 15.01.2018

Cointelgraph: Smart Contracts, Explained: https://cointelegraph.com/explained/smart-contracts-explained, Zugriff am 06.01.2018

CryptoTicker: Was sind Kryptowährungen?: https://cryptoticker.io/de/was-sind-kryptowahrungen-blockchain-bitcoin/, Zugriff am 11.01.2018

Dev Insider: Was ist ein Smart Contract?: https://www.dev-insider.de/was-ist-ein-smart-contract-a-585679/, Zugriff am 03.01.2018.

Ethereum Github: https://ethereum.github.io/browser-solidity/#version=soljson-v0.4.1+commit.4fc6fc2c.js&optimize=false, Zugriff am 14.01.2018

Gabler Wirtschaftslexikon: Smart Contract: http://wirtschaftslexikon.gabler.de/Definition/smart-contract.html, Zugriff am 09.01.2018

Github: Münzwurf Beispiel Solidity, https://github.com/svenpohl/snippets_solidity/blob/master/muenzwurf.sol, Zugriff 15.01.2018

Graff, Christof/Stoiber, Helmut/Zscherp, Matthias: Plattformsicherheit – Smart Contracts und TPM, Frankfurt am Main, 2015

Kaulartz, Markus/Heckmann, Jörn: Selbsterfüllende Verträge – Smart Contracts: Quellcode als Vertragstext, in: CT Magazin für Computer und Technik, Ausgabe 24/2016

Kaulartz, Markus/Heckmann, Jörn: Smart Contracts – Anwendungen der Blockchain-Technologie, in: Computer und Recht, Ausgabe 09/2016

Kreditkarte: Smart Contracts – selbsterfüllende Verträge: https://www.kreditkarte.net/wissenswertes/smart-contracts/, Zugriff am 04.01.2018

Solidity: Introduction to Smart Contracts: http://solidity.readthedocs.io/en/develop/introduction-to-smart-contracts.html, Zugriff am 15.01.2017

Solidity: Solidity: https://solidity.readthedocs.io/en/develop/, Zugriff am 14.01.2018

Stroustrup, Bjarne: Die C++ Programmiersprache, München, 2000

Voshmgir, Sherim: Blockchains, Smart Contracts und das Dezentrale Web, Berlin, 2016

Zen-Systems: Solidity Ethereum Code Beispiel Münzwurf, http://www.zen-systems.de/solidity-ethereum-code-beispiel-muenzwurf/, Zugriff am 15.01.2018

Anhang

```
1    /*
2
3    Muenzwurf Beispiel Solidity, sven@zen-project.de (startet 11.07.2016)
4
5    26.August.2017 - remove deprecated 'throw',
6                     make 'Einsatz_machen' payable.
7
8    todo: testing.
9
10   */
11   pragma solidity ^0.4.15;
12
13   contract kopf_oder_zahl
14   {
15   address owner;
16
17   int        status;
18   int     public wette_laeuft_gerade = 0;
19   uint256 public gewinnsumme = 0;
20   int     public number_spieler;
21   int     public counter_spieler = 0;
22   uint    public dauer_in_sekunden;
23   uint    public wetteinsatz_wei;
24   uint    public timestamp_start;
25   int     public verbleibende_sekunden;
26   address public debug_gewinner_adresse;
27
28   string msgbuffer;
29   string public spielregeln = "Einsatz: 1 Ether. Das Spiel beginnt, sobald alle Spieler ihre Einsaetze getattigt haben.
30
31   Spielerstruct[] public Spieler;
32
33   struct Spielerstruct
34        {
35        address adresse;
36        string name;
37        uint256 guthaben;
38        }
39
40
41
42   /* ----------------------------------------------------------------
43
44   Konstruktor
45
46   ----------------------------------------------------------- */
47   function kopf_oder_zahl (
48                    int init_number_spieler,
49                    uint init_dauer_in_sekunden,
50                    uint init_wetteinsatz_ether
51                    )
52                    {
53
54                    owner = msg.sender;
55                    status = 0;
56                    number_spieler   = init_number_spieler;
57                    dauer_in_sekunden = init_dauer_in_sekunden;
58                    wetteinsatz_wei   = init_wetteinsatz_ether*1000000000000000000;
59
60                    } //// Konstruktor
```

```
61
62
63    /* ----------------------------------------------------------------
64
65    Destruktor - Dieser Contract kann nur vom Erzeuger und wenn das
66               Spiel nicht gerade laeuft, zerstoert werden.
67
68    ------------------------------------------------------------- */
69    function kill() {
70                if (
71                  (msg.sender == owner) && (wette_laeuft_gerade == 0)
72                  ) selfdestruct(owner);
73                } //// function kill()
74
75
76
77
78    /* ----------------------------------------------------------------
79
80    Random - Funktion
81
82    ------------------------------------------------------------- */
83    function rand(uint max) returns (uint)
84          {
85          uint randval = uint(block.blockhash(block.number-1))%max;
86          return randval;
87          }
88
89
90
91
92    /* -------------------------------
93
94    Einsatz_machen
95
96    ------------------------------- */
97    function Einsatz_machen ( string spielername ) payable returns (bool)
98          {
99          address spieler_address  = msg.sender;
100         uint256 spieler_guthaben = uint256( msg.value );
101         bytes memory _spielername = bytes(spielername);
102
103         /* Einzahlung zu wenig? */
104         if ( spieler_guthaben < wetteinsatz_wei )
105           {
106           return false;
107           }
108
109         /* Kugel rollt noch... */
110         if (wette_laeuft_gerade == 1)
111           {
112           return false;
113           }
114
115         /* Wenn die Wette bereits abgelaufen ist */
116         if (status >= 3)
117           {
118           return false;
119           }
120
```

13

```
121
122            /* Spielername angegeben, min 3 Zeichen */
123            if ( _spielername.length < 3) return false;
124
125
126            /* Alles OK - jetzt den Spieler hinzufuegen */
127            Spieler.push( Spielerstruct(spieler_address,spielername, spieler_guthaben));
128            counter_spieler++;
129            gewinnsumme = gewinnsumme + spieler_guthaben;
130
131
132
133            /* Ab dem ersten Spieler Status Äaendern */
134            if (counter_spieler < number_spieler)
135            {
136            status = 1;
137            }
138
139            /* Moege das Spiel nun beginnen */
140            if (counter_spieler == number_spieler)
141            {
142            status = 2;
143            wette_laeuft_gerade = 1;
144            timestamp_start = now;
145            }
146
147       return true;
148       } //// Einsatz_machen
149
150
151
152
153    /* ---------------------------------------------------------------
154
155    Wette_Mainfunction()
156
157    --------------------------------------------------------------- */
158    function Wette_Mainfunction()
159    {
160
161
162    if (wette_laeuft_gerade == 1)
163        {
164        uint differenz = now - timestamp_start;
165        uint gewinner_index;
166
167        verbleibende_sekunden = int(dauer_in_sekunden) - int(differenz);
168
169        if (verbleibende_sekunden <= 0)
170            {
171            status = 3;
172
173            gewinner_index = rand( uint(number_spieler) );
174
175
176            address gewinner_adresse = Spieler[gewinner_index].adresse;
177            debug_gewinner_adresse = gewinner_adresse;
178
179
180
```

14

```
181        /* Gewinn auszahlen */
182        if (  gewinner_adresse.send(gewinnsumme)  )
183           {
184           status = 4;
185           }
186        else
187             {
188             return  ;
189             }
190
191
192
193        wette_laeuft_gerade = 0;
194          }
195
196
197
198      } // if (wette_laeuft_gerade == 1)
199
200
201   } /// function Wette_Mainfunction()
202
203
204
205   /* -------------------------------------------------------------
206
207   getstatus - liefert Status an Beobachter des Contracts
208
209   ------------------------------------------------------------- */
210   function getstatus() constant returns  (string)
211          {
212          if (status == 0) msgbuffer = 'Wette nicht plaziert';
213          if (status == 1) msgbuffer = 'Erster Wetteinsatz stattgefunden';
214          if (status == 2) msgbuffer = 'Wette laeuft gerade...';
215          if (status == 3) msgbuffer = 'Wette abgelaufen...';
216          if (status == 4) msgbuffer = 'Gewinn ausgezahlt';
217
218          return( msgbuffer);
219          } //// getstatus
220
221
222
223
224   } //// contract kopf-oder-zahl
225
```

Abbildung 1: Code-Beispiel Münzwurf